Reto Giacomo Zanoni

DENKMAL MENSCH

Aufruf zu
Selbsterkenntnis
und Plädoyer
für Demokratie und
Menschenrechte

novum pro

Dieses Buch ist auch als
e-book
erhältlich.

Bibliografische Information
der Deutschen Nationalbibliothek:

Die Deutsche Nationalbibliothek
verzeichnet diese Publikation in
der Deutschen Nationalbibliografie.
Detaillierte bibliografische Daten
sind im Internet über
http://www.d-nb.de abrufbar.

Gedruckt in der Europäischen Union
auf umweltfreundlichem, chlor- und
säurefrei gebleichtem Papier.

© 2024 novum Verlag

ISBN 978-3-99146-905-6
Lektorat: Lucas Drebenstedt
Umschlagfoto:
Wirestock I Dreamstime.com
Umschlaggestaltung, Layout & Satz:
novum Verlag
Innenabbildungen:
Reto Giacomo Zanoni, Städtisches
Fotoarchiv Mailand, Keystone, P.D.

Die vom Autor zur Verfügung ge-
stellten Abbildungen wurden in der
bestmöglichen Qualität gedruckt.

www.novumverlag.com

Druckprodukt mit finanziellem
Klimabeitrag
ClimatePartner.com/16547-2311-1001

Inhaltsverzeichnis

Hass und Liebe 7
Menschenskind 10
Der Mensch als Ergebnis der Evolution 13
Der Mensch im Altertum 15
    Mesopotamien 16
    Ägypten 18
Der Mensch in der Antike 19
    Das antike Griechenland 19
    Das antike Rom 23
Der Mensch im Mittelalter 26
Der Mensch in der Neuzeit 28
    Kolonialismus 28
    Menschenrechte 29
    Industrielle Revolution 30
    Kommunismus 32
    Imperialismus und Ausbeutung 33
    Kalter Krieg 35
    Globalisierung 37
    Rassismus 37
    Ökologie und Klima 39
Der Mensch heute im reichen «Westen» 41
Weg aus der globalen Ungerechtigkeit und Klimakrise 44
    Menschenrechte 45
    Völkerrecht 46
    Klimawandel und Ökologie 46
Schlussfolgerung 48
Dank zu Denkmal Mensch 49

Hass und Liebe

Die Geschichte des Menschen ist bis in die Gegenwart gespickt mit unglaublichen Gräueltaten bis hin zu Völkermorden. Völkermorde sind bereits aus der Antike dokumentiert (u. a. auch in der Bibel), konnten neben religiös verbrämten Schandtaten wie der Hexenverbrennung bereits im Mittelalter riesige Ausmaße annehmen (Dschingis Khan) und ziehen sich in einer grauenvoll blutigen Spur weiter fort. Bei den Europäern ging es z. b. einher mit der Kolonisierung von Nord- und Südamerika, mit dem Deutschen Reich, das sich die Vernichtung des Judentums aufs Banner schrieb, was in den Holocaust mündete, in Russland war es Stalins Holodomor in der Ukraine, im Nahen Osten die Säuberungspolitik des Osmanischen Reiches, in Japan die geopolitischen Kriegsverbrechen im 2. Weltkrieg, in China Mao Zedongs Kulturrevolution, in Afrika ethnisch bedingte Massenmorde in Burundi und Ruanda, um nur einige wenige zu nennen. Angesichts der erdrückenden Evidenz erscheint die Hypothese, der Mensch sei mit einem untrüglichen Gewissen für Gut und Böse, mit einem ethischem Imperativ auf sein Handeln ausgestattet, als gewagt. Wir sollten uns deshalb im Sinne von Dawkins (s. u.) daran erinnern, wie sehr wir wie alle anderen Tiere einfach darauf programmiert sind, als Individuen zu überleben. Ausgestattet mit äußerst raffinierten Mechanismen, auf physische wie auch auf psychische Herausforderungen reflexartig zu reagieren. Ausgestattet mit einem Gehirn, das Situationen in Sekundenschnelle erfassen kann, das ungeheuer lernfähig und lernbegierig ist und uns eine hervorragende Kommunikationsfähigkeit beschert hat, die es überhaupt erst möglich gemacht hat, dass wir mittels technischer Hilfsmittel in puncto Ausbreitung bis in die letzten Winkel unseres Planeten eine der erfolgreichsten Spezies auf Erden geworden sind. Wir können uns zu Land mit allen möglichen Fahrzeugen sehr schnell fortbewegen und uns sogar, wenn auch mit ohrenbetäubendem Lärm und sündhaftem Energieverbrauch, in die Lüfte erheben und so größte Distanzen in kürzester Zeit überwinden oder mit riesigen Kreuzern uns selbst oder riesige Lasten über die Meere schaukeln oder mit Unterseebooten bis in die tiefsten Tiefen der Meere vordringen. Wir haben aber auch seit den frühesten Anfängen großartige Kunstwerke erschaffen, Bilder, Gesänge, Musik oder Bauten, die nur dem Zweck dienen, uns daran zu erfreuen oder auch unsere übermenschliche Vermessenheit zu nähren, wie z. B. die ägyptischen Pyramiden. Im Bereich der Musik sieht man wohl stärker als in allen anderen Künsten die Übermacht der Liebe unter den Geschlechtern, der zumindest in der Neuzeit mehr als die Hälfte aller meist zauberhaften Werke gewidmet sind. Nichts wäre falscher, als dies zu kritisieren, es spricht für uns, entspringt aber letztlich dem stärksten aller in unserem Gehirn prominent abgebildeten Triebe, der Fortpflanzung, dem A und O der ganzen Evolution. Daneben besteht aber bis in die Jetztzeit eine endemische Verbreitung von #MeToo, Missbrauch, Gewalt, Missachtung und Unterdrückung der Frau und von Menschen mit queerer sexueller Orientierung. Auch in «fortschrittlicheren» Gesellschaften erweist es sich als schwierig, der durch die Natur vorgegebenen, ungleich verteilten Last der Fortpflanzung im Sinne effektiver Gleichberechtigung zwischen Mann und Frau gerecht zu werden.

«Himmel» der evangelischen Heiliggeistkirche beim Bahnhof Bern.

Menschenskind

Die große Freude, wenn ein Kind zur Welt kommt! Meine Mutter sagte immer wieder «direkt vom Himmel herabgekommen». Und doch ist es auch mit viel Mühsal verbunden, mehr für die Mütter als die Väter, für die es lange vor der Geburt anfängt und noch lange danach an allen Kräften zehrt. Und doch, für die meisten Eltern ist es ein wahrer Segen, man liebt sie grenzenlos und sorgt sich ebenso, wenn etwas nicht stimmt. Fällt einem ein kleines Töchterchen aus kurzzeitiger Überforderung mit einem anderen Töchterchen von der Schulter, ist Panik angesagt, direkt zum Notfall mit ihr, zum Glück war nichts. Lassen sie einem keine Ruhe am Abend, weil sie Bauchkrämpfe haben oder weiß der Herr was, lässt man sich kaum je zu einer unüberlegten Handlung hinreißen und wenn doch, dann bleibt einem das Schuldgefühl für den Rest des Lebens erhalten, auch wenn sich daraus kein Unglück ergeben hat; ein Zweifel nagt. Es ist und bleibt eine große, an keine Bedingungen gebundene Liebe. Mit staunendem Auge beobachtet man, wie das Menschenskind alles um sich herum aufsaugt, um sich in die es umgebende Gesellschaft von Menschen einzugliedern. Man staunt noch mehr, wie herausfordernd es schon in einer Krippe für das Kleinkind ist, sich da seinen Platz zu sichern, jedes gemäß seinem Charakter. Das alles ist viel mehr Diffusion mit der uns umgebenden Kultur, wie auch immer sie geartet ist, als «Erziehung». Heftig kann es werden, wenn das Menschenskind ins Alter der Pubertät kommt, ein wichtiger Prozess zur Selbstfindung und beginnenden Befreiung aus der kindlichen Unschuld und der Abhängigkeit von den Eltern. Da sprudelt eine gewaltige Energie, die sich selbst einen Weg bahnen muss, aus bisher völlig unhinterfragten Schranken der erwachsenen Welt. Und Gott sei Dank, wenn es nicht in eine Welt der Drogen, Sucht und Selbstzerstörung mündet oder in eine zu frühe, völlige Ablösung vom Elternhaus, wo der Mensch noch kaum in der Lage ist, ganz auf sich allein gestellt, unbeschadet in der ihn umgebenden Gesellschaft zu überleben. Wie weit wir doch bloß weg sind von den Vögeln und allen anderen Tieren da draußen, die für Ernährung und Unterschlupf im Prinzip einfach von dem leben, was die Natur ohne den Einsatz raffinierter, energieintensiver Werkzeuge zur Verfügung stellt. Was ja unbestritten auch angenehme Seiten hat. Unsere Strukturen für Lebensmittelproduktion, Wohnen, Gesundheit, Mobilität, Kommunikation und Unterhaltung sind jedenfalls vergleichsweise gewaltig, energieintensiv und technisch hochkomplex. Um dies zu meistern, braucht der Mensch sowohl technisch wie kulturell Jahre der Ausbildung, bis er in dieser hocharbeitsteiligen Welt nur einigermaßen zurechtkommt. Und wenn er bereit ist, mitanzupacken, und zur rechten Zeit am richtigen Ort ist, kann er in der menschlichen Gesellschaft sehr erfolgreich sein, ja «Karriere machen», wie gerne gesagt wird. Das gilt grundsätzlich sowohl in reichen wie in armen Ländern, die Chancengleichheit ist jedoch längst nicht als gegeben zu betrachten, sei es aufgrund der Ethnie, der Hautfarbe, der Zugehörigkeit zu einer gesellschaftlichen Schicht oder Klasse, der Religion und sogar, nicht zuletzt, des Geschlechts. An diesem Punkt hat das Menschenskind jedenfalls trotz oder gerade wegen der ganzen Ausbildung völlig vergessen, dass wir letztlich doch nichts anderes als – wenn auch schräge – Vögel oder andere Tiere sind: Wir sind nicht, was wir glauben zu sein.

Elsternnest auf einer Buche an der Luisenstraße in Bern

Der Mensch als Ergebnis der Evolution

Seit den Zeiten des Naturforschers Darwin (1809–1882) haben sich seine wissenschaftlich erhärteten Erkenntnisse über die Verwandtschaften im Tierreich weitestgehend durchgesetzt. Abgesehen von religiösen Fundamentalisten zweifelt kaum jemand an der Evolution, dass also im Laufe von mehreren Milliarden (!) Jahren aus einfachsten Lebewesen eine bezaubernde Vielfalt von immer komplexeren Organismen entstanden ist, Pflanzen und Tiere. Schon da fragt man sich, wo die Moral bleibt. In dem 1976 veröffentlichten Buch «The Selfish Gene» (das egoistische Gen) legt der britische Zoologe Richard Dawkins eine sehr plausible These dazu dar. Im Wesentlichen geht es darum, dass die aus der «Ursuppe» unter äußeren Einflüssen wie Sonnenlicht und Strahlung entstandenen Biomoleküle immer komplexer wurden und irgendwann die Fähigkeit erlangten, sich unter Verwendung bereits vorhandener, einfacherer Moleküle zu replizieren (Dawkins, R. (1976). The selfish gene. New York, Oxford University Press, S.12ff). Also etwas wie eine «Rattermaschine», die es schafft, sich selbst zu kopieren und sich damit fast beliebig zu vermehren. Unter ständigem Wettbewerb um Ressourcen, die ja immer auch limitiert sind, entstanden so wie erwähnt immer komplexere Einheiten, das ganze Reich von Pflanzen und Tieren. Bezogen auf die einfache «Rattermaschine», eben das selfish gene, kann man uns gemäß Dawkins auch einfach als «Überlebensvehikel» eines Gensatzes, mit oder ohne epigenetischen Einfluss von regulatorischen Proteinen, ansehen, das kein anderes Ziel kennt, als mit allen dem Vehikel zur Verfügung stehenden Mitteln, seien es solche kompetitiver oder kooperativer («altruistischer») Natur, über die Jahrhunderte fröhlich von Generation zu Generation weiter- und weiterzurattern. *In Überspitzung dieses biologischen Denkmodells würde sich die Fitness («survival of the fittest») beim Menschen heutzutage in erster Linie in (Milliarden) Dollars ($) bemessen. Er meinte denn* auch zum Thema «Moral», dass es, wenn man sich als Bioroboter erkennt, nicht verwunderlich sei, dass wir uns selbst und unseren Kindern die der Maschine nicht inhärente Ethik erst vergegenwärtigen müssen. Wie dem auch sei, vieles in der Geschichte der Menschheit deutet darauf hin, dass die Ethik für den Menschen mit seiner Selbstwahrnehmung, Intelligenz und außergewöhnlichen Fähigkeit zu Kommunikation und Empathie eine ständige Herausforderung darstellte, dass sie etwas war, das erfunden werden musste, wenn es fehlte. Hier ist wohl auch der Ursprung der Religionen zu suchen, die dem Menschen in seiner Not den ethischen Weg wiesen. Wer braucht schon eine Klagemauer? Denn bei allem Egoismus merkt jedes Individuum sofort, wenn ihm Unrecht getan wird. Im vollen Bewusstsein des Todes eine höhere Instanz zu haben, kann helfen, mehr Gerechtigkeit, mehr Trost zu schaffen. Zumal auch die umgebende Natur und viele noch kaum verstandene Naturphänomene sich den frühen, noch sehr naturnahen Menschen viel bedrohlicher präsentierten als uns heute. Diese Instanzen haben aber auch sehr dazu beigetragen, dass wir ein völlig abgehobenes Bild von uns selbst bekamen. So machten die christlichen Religionen den Menschen zu gottgegebenen Herrschern der Welt, was sich sogar recht gut mit der viel später folgenden Darwinistischen Sicht der Evolution in Einklang bringen ließ. Es ist hingegen eher schwierig, genau auszumachen, inwiefern die Religionen zur Entwicklung des ethischen Gedankenguts bis hin zu den Menschenrechten beigetragen haben.

Der Mensch im Altertum

Aus der Epoche der Jäger und Sammler, die vor ungefähr 2,5 Millionen Jahren begann, beim Homo rudolfensis über Homo habilis und Homo erectus bis zum frühen Homo sapiens vor etwa 200.000 Jahren, und bis zum Übergang zu Ackerbau und Viehzucht grob um 10.000 v. Chr. dauerte, sind vor allem Höhlenbilder und einfache (Jagd-)Werkzeuge dokumentiert, da die Menschen dieser Zeit noch keine Kommunikation mit Schriftzeichen pflegten. Ihre Kultur, Riten, Religion und Mythen waren zweifelsohne sehr naturnah und genügsam, wenn auch nicht im heutigen Sinne «ökologisch». Diese Menschen stießen jedenfalls noch kaum an Grenzen zu ihrer weiteren Ausbreitung, wenn ihr Umgang mit der Natur mittels Brandrodung oder Überjagung nicht nachhaltig war. Auffällig ist im Vergleich zu anderen Primaten die Kommunikationsfähigkeit der Menschen untereinander und der nicht nur feindliche Kontakt unter verschiedenen Gruppen mit Austausch von Kultur und Wissen und der Entstehung familiärer Bindungen. Basierend auf ausgeprägter Intelligenz wohl das entscheidendste Erfolgsrezept des Homo sapiens. Diese indigene Lebensweise ist zwar bis heute in hochgefährdeter Weise in Randregionen der Welt erhalten geblieben, wird aber durch die umgebende Zivilisation immer weiter zurückgedrängt und kulturell verfälscht. Die Vorzüge dieser «besitzlosen» Lebensweise werden in einem aktuellen Werk des Autors Yuval Noah Harari (Yuval Noah Harari: Eine kurze Geschichte der Menschheit. Übersetzt aus dem Englischen von Jürgen Neubauer. Deutsche Verlags-Anstalt, München 2013, https://literaturkritik.de/id/19392) sehr eindrücklich beschrieben.

Die sogenannten Hochkulturen des Altertums entstanden erst nach dem Übergang zur sesshaften Lebensweise. Dieser Übergang markiert einen grundsätzlichen Wandel in der menschlichen Kultur des Zusammenlebens. Die Geschlechter waren bei den Jägern und Sammlern funktional noch weitgehend gleichberechtigt, indem die Rolle der Nahrungsbeschaffung ebenso bedeutend war wie diejenige der engeren Umsorgung, Nachwuchssicherung und Nachwuchsbetreuung der Familien und Sippen. Die sesshafte Lebensweise war hingegen geprägt von Haus- und Landbesitz, beides fest in der Hand des männlichen Geschlechts, sodass die Frau nach einer festen Bindung sich in dem fremden Haushalt a priori unterordnen musste. Es entstand somit eine bis heute vieles prägende Männerherrschaft. Der immer effizienteren landwirtschaftlichen Nahrungsmittelproduktion folgten verschiedene Gewerbe zur effizienten Verarbeitung von Lebensmitteln und für den Haus- und Werkzeugbau, sodass es sich von selbst ergab, dass daraus weiterum Dörfer und Städte entstanden, wo die Arbeitsteilung der Bewohner perfekt aufeinander abgestimmt war. Parallel mit der Erfindung von Besitz ging auch die Anhäufung und Vermehrung von Besitz einher und die Entstehung von Machtstrukturen und Regelwerken, die unter anderem auch unter dem Einfluss von oder in unheiliger Allianz zu überliefertem, religiösem Gedankengut und dessen weltlichen Würdenträgern standen. Dies mündete im 4. Jahrtausend v. Chr. in die Entstehung von Hochkulturen in Mesopotamien im Gebiet zwischen Euphrat und Tigris und im Niltal. Für die Herausforderung der Verwaltung von Besitz, Handel und Bürgern in immer größeren und mächtigeren Städten entstand in Mesopotamien bereits im 4. Jahrtausend v. Chr. die Keilschrift mit Zeichen für Text und Zahlen und wohl etwas später in Ägypten ein System mit Hieroglyphen.

Mesopotamien

In Mesopotamien handelte es sich zunächst um Stadtstaaten mit mehr oder weniger friedlicher Koexistenz und Zusammenarbeit, später entstanden daraus große Königtümer mit föderalistischer Struktur. Der auf Handel beruhende Reichtum der Städte äußerte sich in prächtigen Gebäuden und Tempelbauten. Die Gesellschaft war in Klassen gegliedert, in denen unterschieden wurde zwischen Angehörigen der Ober- oder Mittelschicht, den Abhängigen, der Landbevölkerung und den Sklaven. Könige rechtfertigten ihre Machtfülle als von einem Gott gegeben. Die sumerische Religion mit einer Schöpfungsgeschichte, einer Reihe von Göttern und daraus abgeleiteten, unumstößlichen Regeln und Gesetzen ist gut dokumentiert. Man bezeichnet Mesopotamien ja in diesem Zusammenhang auch als «Wiege unserer Kultur». Der Codex Eshnunna aus dem 20. Jh. v. Chr., der bemerkenswerterweise bei Übertretung im Vergleich zum späteren Codex Hammurabi öfter mit Geldstrafen als mit dem Tod drohte, regelte im Detail die nach Gesellschaftsschicht variierenden Persönlichkeitsrechte und Strafen bei Raub, Betrug, Missbrauch, Körperverletzung und durch Tiere verursachte Schäden. Ein Todesfall nach Hundebiss wurde z. B. wie folgt sanktioniert: «Wenn ein Hund rasend wütig ist und dem Besitzer wurde deshalb amtlich verboten, ihn auszuführen, und er beißt jemanden, sodass das Opfer zu Tode kommt, dann muss der Besitzer eine Buße von 2/3 einer Mine (40 Schekel) Silber entrichten, respektive 15 Schekel, wenn es sich um einen Sklaven handelt.» (Zitat aus Baer G.M., Wandeler A.I. Rabies virus. In: Virus infections of carnivores, 1987. p. 167–82). Dieser Passus gilt auch als der erste dokumentierte Beleg für die Hundetollwut. Erstaunlich ist daran insbesondere die frühe Erkenntnis, dass der Besitzer des Hundes für den Schaden haften muss, da er es trotz amtlicher Warnung unterlassen hat, Vorsorge zu treffen. Dieses einfache Vorsorge- und Haftungsprinzip erweist sich im Zusammenhang mit der weltweiten Kontrolle der Hundetollwut in weiten Teilen von Asien und Afrika als zentraler Knackpunkt. Gibt es einen Besitzer, kann er verpflichtet werden, den Hund zu impfen, was allerdings nur funktioniert, wenn er es sich leisten kann. Gibt es keine individuellen Besitzer für viele freilaufende Hunde, dann wird es schwieriger, das WHO-Ziel der Ausrottung der Hundetollwut bis 2030 zu erreichen.

Das Mesopotamische Reich, das immer mächtiger wurde, zerfiel schließlich in der zweiten Hälfte des letzten Jahrtausends v. Chr. möglicherweise aufgrund einer dannzumal nicht mehr beherrschbaren Größe, der Bedrohung durch andere Völker und eventuell auch aufgrund einer klimabedingten, verheerenden Dürrephase. Das in Klassen unterteilte Menschenbild dieser Zeit war geprägt von einer Mischung aus religiöser, um die Tempel konzentrierter und weltlicher Macht von königlichen Herrschern, die sich ebenfalls auf die Religion beriefen.

Ägypten

In Ägypten entstand um das 4. Jahrtausend v. Chr. bis zur ersten Hälfte des ersten Jahrtausends n. Chr. eine Folge von zahlreichen, mächtigen Dynastien von Pharaonen, die als eigentliche Gottkönige fast unumschränkt herrschten. Neben den Tonsiegeln geben die weltbekannten Pyramiden (Monumentalgräber) das eindrücklichste Zeugnis dieser frühen Hochkultur ab. Die Pharaonen identifizierten sich in der 4. und 5. Dynastie mit dem Sonnengott. Die strikt durch Gesetze geregelte Gesellschaftsstruktur war sehr hierarchisch mit religiösen und amtlichen Würdenträgern, Bauern und Gewerbetreibenden und Sklaven. Das Menschenbild beruhte auf der göttlichen Selbstwahrnehmung und deren Umsetzung in staatliche Macht durch die pharaonischen Herrscher, die alles bestimmen konnten, was unter ihnen war. Man könnte deshalb die Pyramiden auch als über die Jahrtausende erhalten gebliebenes Denkmal der totalen Entrückung aus der naturgegebenen Realität und der grenzenlosen Vermessenheit des Menschen betrachten.

Der Mensch in der Antike

Das antike Griechenland

Das antike Griechenland, das in der frühen ersten Hälfte des 1. Jahrtausends v. Chr. entstand, hat die europäische Welt sowohl staatspolitisch, philosophisch wie auch kulturell nachhaltig geprägt. Die griechische Kultur wurde auch durch orientalische Einflüsse stark beeinflusst. Bereits in einer frühen Epoche entstand das griechische Alphabet aus der phönizischen Schrift, einer über die ägyptischen Hieroglyphen herausgewachsenen Buchstabenschrift. So wurden die Homer zugeschriebenen, tradierten Sagen und Geschichten der abendländischen Dichtkunst wie die Ilias und die Odyssee erstmals schriftlich festgehalten und sind uns so bis heute als wertvolles Vermächtnis dieser Vorfahren wohlbekannt. Als Staatsform stand die Polis im Zentrum, eine dezentrale Form von Aristokratie oder Oligarchie unter der jeweiligen, Land besitzenden Stadtbevölkerung. Aus Landnot und Handelsinteresse kam es schon früh zur Expansion und Neugründungen von Apoikien (Tochterstädten) im ganzen Mittelmeerraum und am Schwarzen Meer. Der Zusammenhalt der weitgehend selbstständigen Poleis wurde abgesehen von Kriegen wie dem Perserkrieg im 5. Jh. v. Chr. insbesondere durch panhellenische Spiele wie den Olympischen Spielen gestärkt. In Athen wurde bereits im späten 6. Jh. v. Chr. als Folge einer Tyrannis (Herrschaft durch eine einzige Adelsfamilie) formell die Staatsform der Demokratie (demos kratein = Macht oder Herrschaft des Volkes) errichtet, bei der nebst den Aristokraten (Großgrundbesitzer) auch alle freien Bürger beteiligt waren. Die Rechtsetzung geht auf Drakon zurück, einen athenischen Reformer, der 621 v. Chr. alle bekannten, häufig «drakonischen», mit der Todesstrafe verbundenen Strafbestimmungen festhielt. Wirtschaftlich prägte das antike Griechenland mit dem ausgedehnten Handel übers Meer den Übergang von der

Natural- zur Geldwirtschaft, sodass man Athen geradezu auch als antikes Bankenzentrum bezeichnen könnte. Große Leistungen sind auch in Architektur, Skulptur, Literatur, Geschichtsschreibung und der Naturwissenschaft nicht zu übersehen. In der Philosophie sind herausragende, bis heute nachwirkende Denkschulen entstanden, die auf Platon, einen Schüler von Sokrates, dessen Ideen nur indirekt von Platon übermittelt sind, zurückgehen, dem es insbesondere um das Erlangen von gesichertem Wissen ging, auf Aristoteles, einem Schüler von Platon, der in Themen wie Logik, Wissenschaftstheorie, Rhetorik und Ethik Maßstäbe setzte, auf Epikur, den Philosophen des Hedonismus (Lebensfreude) und auf Zenon von Kition, den Begründer des Stoizismus, wo es speziell um Pflicht und Tugend geht. Letztere zwei Denkschulen hatten großen Einfluss auf die römischen Philosophen. Im ersten Jh. v. Chr. wurden die griechischen Stadtstaaten Teil des Imperium Romanum. Die griechische Mythologie mit den Epen Ilias und der Odyssee aus der Rückkehr vom trojanischen Krieg und ihren anthropomorphen Göttern ist von einer außergewöhnlich bildlichen Farbenpracht, die sich in einer personifizierten, pandämonischen Kartographie von Phänomenen, Naturkräften und des ganzen Spektrums von menschlichen Eigenschaften und Übeln niederschlug. Vieles davon hat in der europäischen Kultur und im Selbstverständnis der Moderne bis heute Bestand, man spricht z. B. von Odyssee für lange Wege beim Kontakt mit Behörden, man findet ihre Götter im Namen von Logistikunternehmen, man spricht vom «Ödipuskomplex». Das griechische Menschenbild scheint jedenfalls einigermaßen aufgeschlossen gewesen zu sein, solange man nicht weiblichen Geschlechts, besitzlos, zugezogen (Metöke) oder gar Sklave war.

Büste des Epikur (römische Marmorkopie eines griechischen Originals aus der Mitte des 3. Jahrhunderts v. Chr.).

Zenon von Kition.

Das antike Rom

Das Römische Reich nahm seinen Anfang mit der Gründung von Rom im Laufe der ersten Hälfte des 1. Jahrtausends v. Chr. Es war von Anfang an ein expansives, politisches Projekt mit fortschreitender Unterwerfung von Gebieten um die Stadt, Ausbreitung über ganz Italien und weit darüber hinaus. Die Pracht der Stadt nährte und vermehrte sich laufend aus den Abgaben der unterworfenen Gebiete. In seiner größten Ausdehnung im 2. Jahrhundert n. Chr. umfasste das Imperium Romanum weite Teile von Südwesteuropa, Großbritannien, Südosteuropa, Griechenland bis in die Türkei und den Nahen Osten. Die staatliche Macht wurde von Konsuln, später Königen und Kaisern (Caesar) und den Patriziern, den landbesitzenden Familien Roms, ausgeübt. In unterworfenen Gebieten oder Provinzen wurde die Staatsmacht mit Abgaben und Steuern von Angehörigen des Patriziats wahrgenommen. Es handelte sich um Übergangs- und Mischformen von Republik («res publica» = öffentliche Angelegenheit) und Monarchie, was sich bei der Bekanntmachung von staatlichen Regeln und Beschlüssen in dem wohlbekannten Kürzel S.P.Q.R. (senatus populusque romanus = Senat und Volk von Rom) äußerte. Der Senat als Gremium der Patrizier war das oberste rechtsetzende Organ der Republik. Die Religion wurde von den Etruskern stark beeinflusst, die das nördliche Italien besiedelten, und wurde auch später regelmäßig durch fremde Götter aus unterworfenen Kulturen ergänzt. So stammt auch Jupiter, die oberste römische Gottheit, die später mit dem griechischen Zeus gleichgesetzt wurde, aus dem etruskischen Pantheon. Das Christentum wurde zwar über weite Phasen heftig bekämpft, wurde aber gegen Ende des Reiches im 5. Jh. n. Chr. sogar zur Staatsreligion. Phasenweise wurde auch im Römischen Reich die Rechtfertigung der Herrscher auf Gleichsetzung mit Gottheiten gegründet. Die Gesellschaft war gegliedert in Patrizier, Plebejer (gewöhnliches Volk) mit geringeren Rechten und Sklaven aus unterworfenen Regionen oder Provinzen ohne Rechte. Die römische Kultur, Philosophie und Rechtsetzung ist dank des aus der griechisch-etruskischen Schrift entstandenen lateinischen Alphabets sehr gut dokumentiert und prägt bis heute viele Aspekte des kulturellen und öffentlichen Lebens. So haben bereits die Römer den Ausspruch geprägt «panem et circensem» (Brot und Spiele fürs Volk). Im Circus Maximus fanden bis 250.000 Zuschauer für Pferde- und Wagenrennen Platz. Das Kolosseum bot 50.000 Plätze für Schaulustige der Gladiatorenkämpfe. Dimensionen, die durchaus vergleichbar sind mit heutigen Stadien für sportliche Anlässe, respektive sogar noch darüber hinaus. Auch auf die Römer, genauer auf den Dichter Plautus im 3. Jahrhundert v. Chr., geht eine sarkastische Selbsterkenntnis des gebildeten Menschen zurück, «homo homini lupus» («der Mensch selbst ist der als Wolf personifizierte, gefährlichste Feind des Menschen»). Die Muße der Oberschicht erlaubte es ihren Angehörigen, sich nicht nur mit administrativen und technischen, sondern auch eingängig mit philosophischen Fragen zu beschäftigen. Alle philosophischen Schulen standen jedoch unter starkem Einfluss der griechischen Philosophen. Es gab seit dem Dichter und Philosophen Lukrez im ersten Jahrhundert v. Chr. die epikureische Schule, die die Lust am zurückgezogenen Leben, den Hedonismus zelebrierte, und die stoische Schule mit den Hauptvertretern Cicero im 1. Jh. v. Chr. und Seneca im 1. Jh. n. Chr., bei der Pflicht, Tugend und stetige persönliche Weiterentwicklung im Vordergrund standen, als gegensätzliche Hauptrichtungen. Das Menschenbild war für die Oberschicht und freien Bürger vergleichsweise modern, allerdings ohne vollen Einbezug des gewöhnlichen Volkes (Plebejer), geschweige denn der Sklaven, die als sprechende Roboter angesehen wurden.

*Faustina, die Ältere (105 n. Chr.), von Ivo Zanoni im Jahr 1987
angefertigter Gipsabguss nach einem Marmororiginal.*

Der Mensch im Mittelalter

Das Mittelalter der europäischen Geschichte folgte dem Zerfall des Römischen Reiches im Westen im 5. Jh. n. Chr., sodass ein französisches, ein spanisches und ein britannisches Reich entstanden, nebst dem unabhängigen Reich der Slawen in Ost- und Südosteuropa und skandinavischen Reichen im Norden. Die Christianisierung erfasste auch ehemals heidnische Gebiete, wurde aber in Südosteuropa im Zuge arabischer Eroberungen durch den im 7. Jh. n. Chr. neu entstandenen Islam konkurrenziert. Das Ende des Mittelalters wird mit dem Untergang des oströmischen (byzantinischen) Reiches nach der Eroberung Konstantinopels durch die Osmanen im 15. Jahrhundert in Verbindung gebracht. Diese auch als «dunkles» Zeitalter bezeichnete Phase, sei es aus humanistischer Sicht oder aus Sicht mangelhafter geschichtlicher Dokumentation im Vergleich zur vorangehenden Antike, war gekennzeichnet durch eine unheilige Allianz von Kirche und Staat, was z. B. in Kreuzzügen mündete und in Konflikte zwischen Papst und vom Papst gekrönter Kaiser. Es kam auch innerhalb der Kirche zu einem großen Schisma zwischen der orthodoxen Kirche im Osten und der katholischen Kirche im Westen, das bis heute Bestand hat. Dies führte immerhin zu einer Eindämmung der päpstlichen Autorität. Über die Zeit entstanden «national» geprägte Königreiche. Die Gesellschaftsform wird als «feudalistisch» bezeichnet, d. h. ganz oben stand der König oder Kaiser, seine Beamten übten ihre Macht auf die Grundherren aus, also lokale Angehörige des Adels oder Klerus mit Landbesitz, deren Land von hörigen, unfreien Bauern bestellt wurde. Hörig waren aber anfänglich auch Handwerker wie Schmiede, Zimmerleute, Schreiner oder Müller. In diese Zeit fielen päpstlich befeuerte Gräueltaten wie Hexenverbrennungen und Judenpogrome und Vertreibungen von Juden, die gehasst wurden, obwohl sie aufgrund des päpstlichen Zinsverbots die einzigen waren, die die auch damals unverzichtbare Geldwirtschaft aufrechterhalten konnten und deshalb Schutzbefohlene der Landesherren waren. Bei der Hexenjagd konnte den durch missgünstige Mitmenschen böswillig angezeigten Opfern mittels Folter jedes erdenkliche Geständnis abgepresst werden, gefolgt von maßlos grausamer Hinrichtung. Eine Praxis, die in gewissen Unrechtsstaaten bis heute Nachahmung findet. Die größte Katastrophe für die Menschen dieser Zeit war die Pest im 14. Jh. n. Chr., der «schwarze Tod», der 1/3 bis knapp die Hälfte der Bevölkerung hinwegraffte. Insgesamt also schon eine eher düstere Phase mit einem durch die christliche Religion verzerrten Menschenbild und einer Feudalherrschaft, die die Mehrheit der Menschen zu Hörigen und Leibeigenen machte.

Der Mensch in der Neuzeit

Die Phase seit dem Ende des 15. Jahrhunderts bis heute wird geschichtlich als «Neuzeit» bezeichnet. Aus europäischer Sicht waren die Eroberung Konstantinopels, die Entdeckung Amerikas und die durch Martin Luther initiierte Reformation prägend für diesen historischen Übergang aus dem Mittelalter. Kulturell und für das Menschenbild dieser Epoche von großer Bedeutung war die Renaissance (Rückbesinnung auf die Antike), der Humanismus (Wissen und Tugend), die Erfindung des Buchdrucks und später die Aufklärung (Vernunft und Naturwissenschaft gegen vielfältige Denkverbote).

Kolonialismus

Die Kolonisierung der Welt durch europäische Nationen nahm seinen Anfang mit der Entdeckung Amerikas durch Christoph Kolumbus im Jahr 1492. Wichtiger Motor für diese Unternehmungen und die Inbesitznahme von Territorien in Übersee durch europäische Nationen, zunächst Spanien und Portugal, dann auch die Niederlande, England und Frankreich und später weitere Nationen, war der Ausbau von Handelswegen und die Suche nach Rohstoffen wie Gold, Silber, Elfenbein und der lukrative Handel mit Sklaven aus Afrika. Weite Teile von Süd- , Nordamerika und Afrika waren davon betroffen, später auch Indien und Südostasien. Eine weitflächige Kolonisierung, die bis ins äußerste Sibirien reichte, wurde auch vom zaristischen Russland betrieben. Später folgten noch andere Mächte wie die USA, Japan und China dem gleichen Prinzip der territorialen oder imperialen Ausbreitung. Die europäische Aneignung des neuen Territoriums, die Vertreibung, Unterwerfung oder Vernichtung der lokalen Bevölkerung durch Gewalt oder unbeabsichtigt durch die Einschleppung von neuen Krankheitserregern erfolgte mit einer Unverfrorenheit, die aus heutiger Sicht nur zu Recht als menschenverachtend und kriminell wahrgenommen wird (Howard French, Interview im «Der Bund» v. 21. April 2023). Die Rechtfertigung dazu war eine Mischung aus technischem, kulturellem und anthropologisch-ethnischem (rassistischem) Überlegenheitsgefühl und wurde euphemistisch sogar in eine Pflicht der Zivilisation und kirchlich abgesegneter Christianisierung der «wilden Völker» umgemünzt. In Fortsetzung der seit dem Altertum bekannten und stetig weitergeführten Versklavung von Menschen erwiesen sich die von den Europäern aus Afrika verschleppten Menschen als ideale Sklaven, da sie aufgrund der Hautfarbe sehr einfach a priori als solche definiert und identifiziert werden konnten. Sie wurden zu Millionen in die Karibik, nach Südamerika und in die Südstaaten der USA verkauft, wo sie in Zuckerrohr-, Baumwollfeldern, auf Tabak-, Indigo- oder Kakaoplantagen, in Bergwerken, im Haushalt oder im Transportgewerbe schwerste Fronarbeit zu leisten hatten, bis zum Verbot der Sklaverei, das sich gegen Ende des 18. Jahrhunderts allmählich weltweit durchzusetzen begann. Eine sehr aufschlussreiche, animierte Karte zur Ausdehnung der europäischen Kolonialreiche kann unter folgendem Wikipedia-Link konsultiert werden:

https://de.wikipedia.org/wiki/Kolonialreich#/media/Datei:Colonisation2.gif.

Menschenrechte

Das sich bis 1945 hinziehende Ende der europäischen Kolonialzeit begann im Jahr 1776 mit der Unabhängigkeitserklärung der englischen Siedler in den USA vom Mutterland, in dessen Präambel erstmals allgemeine, damals sowohl theologisch als auch naturrechtlich begründete Menschenrechte postuliert wurden. «All men are created equal» galt für weiße Männer. In Europa kennzeichnet die Französische Revolution mit der Erklärung der Menschen- und Bürgerrechte im Jahr 1789 eine fundamentale Abkehr von dem auf Unterdrückung beruhenden, feudal-monarchischen Menschenbild. Dass in der Folge so viele Hälse durchgetrennt wurden, ist eine totalitäre Entgleisung, die nichts mit den Menschenrechten zu tun hatte. Sie bildeten die Basis der von den Vereinten Nationen bis heute geförderten, globalen Anerkennung und Umsetzung der Menschenrechte! Als Staatswesen dazu passt aus «westlicher» Sicht am besten die aus der griechischen Antike wiederentdeckte und weiter ausgestaltete Regierungsform der Demokratie. Es meint einen Rechtsstaat mit Gewaltentrennung zwischen Exekutive, Legislative und Rechtsprechung (Jurisdiktion) und der Garantie von persönlichen Freiheitsrechten und Freiheit der Presse. Wie gefährdet die Demokratie ist, kann man am Untergang der deutschen Weimarer Republik durch die Machtergreifung von Hitler ermessen. Ein Originalzitat von Joseph Goebbels im Jahr 1930 aus der Ausgabe von «Im Westen nichts Neues» von Erich Maria Remarque, herausgegeben und mit Materialien versehen von Thomas F. Schneider, 8. Auflage 2022: «Unser eiserner Besen heißt Kampf. Wir werden ihn legal und durchaus verfassungsmäßig führen. Aber wir lassen auch keinen Zweifel darüber, dass jedes Mittel, das uns die Demokratie so huldvoll zur Verfügung stellt, von uns auch in Anspruch genommen wird.» (S. 414-415)

Industrielle Revolution

Die industrielle Revolution seit der zweiten Hälfte des 18. Jahrhunderts führte weltweit zu einem grundlegenden Wandel der Agrargesellschaft zur Industriegesellschaft. Die Erfindung der durch Brennstoffe statt nur Wasser- und Windkraft angetriebenen Maschinen erlaubte eine ungeheure Effizienzsteigerung in der Verarbeitung und Produktion von Waren in Fabriken und eine nie gekannte Beschleunigung im Transportwesen (Dampfmaschine). Dies führte einerseits zur Bildung einer neuen Klasse von besitzlosen Arbeitskräften, den Lohnarbeitern, und zu international intensivierten Handelsbeziehungen und zu enormer Gewinnsteigerung auf der Seite derjenigen, die Kapital besaßen, den Kapitalisten als Eigentümer der neuen Produktionsstätten und Transportunternehmungen. Der in einer globalisierten Form bis heute fortbestehende Konflikt, dass eine Seite immer reicher wird und die andere Seite nicht aus der Armut herauskommt, wurde durch Karl Marx in dem im Jahr 1867 veröffentlichten, Ökonomietheoretischen Werk «Das Kapital» in einer allgemeingültigen Weise beschrieben (Marx, Karl: Das Kapital. Buch I: Der Produktionsprocess des Kapitals. Hamburg, 1867). Der Grundgedanke ist, dass jedes Gebrauchsgut, sei es zum Verzehr oder in anderer Weise dienlich, in der Welt der Geldwirtschaft einen unbestrittenen, monetären Wert hat. Dieser Wert ist nicht universell, da er durch regionale Bedingungen wie Verfügbarkeit, Produktionsformen, Kultur und Wohlstand beeinflusst wird. Ein Brot zu westeuropäischem Preis könnten sich in Entwicklungsländern nur Wenige leisten. Dieser jeweilige Wert bestimmt sich aus den Kosten der verwendeten Rohstoffe oder Agrarprodukte, die ebenfalls auf Arbeitsprozesse zurückgehen, der Amortisation von Produktionsanlagen, der Vergütung der menschlichen Arbeit und eines volatilen «Mehrwerts», der gemäß allgemeiner Auffassung und Lehre dem Kapitalgeber und Unternehmer in Form von Gewinn zusteht. Der springende Punkt seit den Anfängen der Industrialisierung ist eine faire Vergütung der Lohnarbeit, die dem Arbeiter eine menschenwürdige Existenz sichert. Wenn dies nicht der Fall ist, erscheint der «Mehrwert» als mit allen Mitteln zu bekämpfende Ungerechtigkeit, was sich im 20. Jahrhundert in sogenannten «kommunistischen» Revolutionen und Umstürzen in Russland, China und Kuba konkretisierte.

Kommunismus

Aus der russischen Oktoberrevolution im Jahr 1917 ging unter strikter Parteidiktatur die Sowjetunion hervor, die sich nach 1945 zur beherrschenden Hegemonialmacht des «Ostblocks» entwickelte. In der Volksrepublik China kam es unter Führung von Mao Zedong ab 1949 ebenfalls zu einer alles beherrschenden Parteidiktatur. Auch in Kuba wurde nach dem Sieg der revolutionären Rebellen über den Diktator Fugenico Batista unter Führung von Fidel Castro im Jahr 1959 eine dem «Marxismus-Leninismus» verpflichtete Diktatur errichtet. Diese Revolutionen hatten in allen Fällen ein objektivierbar unerwünschtes Resultat, indem sie mit krassen Menschenrechtsverletzungen, massiven Einschränkungen der Freiheitsrechte und mit Bespitzelung der Bevölkerung einhergingen. Außerdem gerieten sie auch in ein innenpolitisch schädliches, außenpolitisches Spannungsfeld der feindlichen Abwehr und Behinderung durch eher kapitalistisch-demokratisch geprägte Mächte. Die besten Ideen zur Förderung einer gerechteren Gesellschaft im Rahmen eines totalitären Systems sind jedenfalls unumstößlich zum Scheitern verurteilt, da es letztlich in jeder Diktatur nur noch um den ständig gefährdeten Machterhalt einer kleinen Gruppe (Oligarchie der Parteikader unter einem allmächtigen Staats- und Parteipräsidenten) oder einer Einzelperson (Nepotismus) als Selbstzweck geht, was dann mit Terror, unsäglichem Personenkult oder sogar wieder mit religiös verbrämtem Mystizismus inszeniert wird. Diese Form von Macht ist praktisch immer verbunden mit überhöhender Verehrung durch Untergebene, Größenwahn und unermesslichem Reichtum, und ist somit eine verheerende, alles pervertierende Droge für den Menschen. Diese Muster sind leider bis heute verbreitet und charakterisieren genauso links- wie rechtsgerichtete Regimes bis hin zu Demokratien mit Neigung zu totalitären, präsidentiellen Elementen.

Imperialismus und Ausbeutung

Die mit ungeheuren Fortschritten in der Technik einhergehende Industrialisierung im Westen führte zu technisch-militärischer Überlegenheit und großem Ressourcenhunger, sodass gegen Ende des 19. Jahrhunderts und Anfang des 20. Jahrhunderts in einer Phase des sogenannten Imperialismus als Fortsetzung des Kolonialismus ganz Afrika zur wirtschaftlichen Ausbeutung unter den europäischen Mächten aufgeteilt wurde. Die Folgen daraus können stellvertretend für andere Länder am Beispiel von Nigeria illustriert werden. Großbritannien unterhielt seit 1861 eine Kronkolonie in Lagos. Der Einflussbereich wurde seit 1900 zunächst auf Süd- und dann seit 1903 auf Nordnigeria ausgebreitet und 1914 zu «Kronkolonie und Protektorat Nigeria» erklärt. Schon in dieser Zeit wurde der Reichtum Nigerias an Erdöl und Kohle entdeckt und dessen Abbau initiiert. Wie arm die nigerianische Landbevölkerung und wie archaisch die gesellschaftliche Struktur damals noch war, wie schmutzig und zerstörerisch die Ölförderung für Mensch und Ökologie sich auswirkte, kann man im eindrücklichen Werk «Mädchen, Frau etc.» von Bernardine Evaristo nachlesen: «...wie wollte man sonst überleben in dieser zerstörten Gegend, wo die ungeheuren Bohrtürme der Ölfirmen Millionen Tonnen Erdöl aus Tausenden Metern Tiefe emporsaugen, um den übrigen Planeten mit kostbarem Treibstoff zu versorgen, während das Land, das ihn erzeugt, dem Elend überlassen wird» (Evaristo, Bernardine, Mädchen, Frau etc. – Booker Prize 2019, S. 138-139).

Die Situation hat sich auch nach dem Ende der Kolonialherrschaft nach dem 2. Weltkrieg nicht wesentlich verbessert, da Macht und Reichtum sich einfach auf die Gesellschaftsschicht übertrugen, die mit den Europäern kollaborierte. Gerade in Nigeria haben die bis heute fortwährende Korruption und der großformatige Ölraub am Staat vorbei ein ungeheures Maß erreicht, die den Fortschritt des Landes zu mehr Wohlstand massiv behindern. Nach wie vor fehlt dem Land die Technologie der

Ölraffinerie weitgehend, sodass die großen Gewinne aus dem aus billigem Rohöl hergestelltem Benzin immer noch anderswo anfallen. Anderswo heißt konkret im «Westen», dort wo die börsennotierten Firmen ansässig sind. Als ähnliche Geschichte der Ausbeutung präsentiert sich auch die im Globalisierungsprozess stattgehabte Verlagerung der Textilindustrie in Niedriglohnländer in Asien und Afrika. Die Verantwortung für die teilweise nahezu sklavenhaften, menschenunwürdigen Arbeitsbedingungen und die minimale Entlohnung der Arbeitskräfte wird regelmäßig zwischen den profitablen Firmen im «Westen» und den ebenso profitierenden Konsument*innen hin- und hergeschoben, sodass, allerdings nur scheinbar, keine Lösung möglich ist.

Der europäische Imperialismus mündete in zwei Weltkriege im 20. Jahrhundert (1914–1918 und 1939–1945) und mit der Machtergreifung der Nationalsozialisten in Deutschland am 30. Januar 1933 unter Adolf Hitler in eines der größten humanitären Verbrechen, den Holocaust, ein Völkermord, dem 6 Millionen Juden zum Opfer fielen. Daraus ging im Jahr 1947 eine bereits 1917 in der Balfour Declaration angebahnte UNO-Resolution hervor, die gut 56 % des britischen Mandatsgebiets Palästina zur Errichtung eines jüdischen Staates vorsah. Nur die jüdische Seite stimmte zu und gründete unter Ministerpräsident Ben Gurion bereits am 14. Mai 1948 den israelischen Staat. Der Status der Palästinenser bleibt bis heute ein ungelöstes Problem mit mehr als 5 Millionen staatenlosen, palästinensischen Flüchtlingen in arabischen Staaten («Zur Staatenlosigkeit von Palästinensern und zur Anerkennung Palästinas und der von seinen Behörden ausgegebenen Reisedokumente», Wissenschaftliche Dienste, Deutscher Bundestag, 2018, WD 2 – 3000 – 057/18; «Status: Kompliziert», Das Magazin Nr. 14, 2023).

Das institutionalisierte Morden in Kriegen ist Teil der Menschheitsgeschichte bis weit ins Altertum zurück. Der technologische Fortschritt zeigte jedoch in den beiden Weltkriegen des 20. Jahrhunderts verheerende Folgen. Der 2. Weltkrieg endete mit den US-amerikanischen Atombombenabwürfen auf Hiroshima und Nagasaki. Die Menschheit hat mit der Atombombe definitiv das erschreckende Potential erreicht, sich selbst auszulöschen.

Kalter Krieg

Nach der deutschen Kapitulation im Jahr 1945 wurde Europa durch die Siegermächte aufgeteilt in ein westliches Europa, das unter dem Einfluss der nordamerikanischen und westeuropäischen Alliierten stand und in ein Osteuropa unter dem Einfluss der Sowjetunion. Die Länder im Osten entwickelten sich im Warschauer Pakt insgesamt zu «sozialistischen» Satellitenstaaten der Sowjetunion. Man sprach vom «Eisernen Vorhang», der den Westen vom sogenannten «Ostblock» trennte. Deutschland war zweigeteilt in die Bundesrepublik Deutschland (BRD) im Westen und die Deutsche Demokratische Republik (DDR) im Osten. Während im Westen eine demokratische Ordnung unter den Regeln der freien Marktwirtschaft herrschte, war der Osten gekennzeichnet durch sowjetische Hegemonie unter strikter Diktatur der kommunistischen Partei. Dieser politische und wirtschaftliche Antagonismus führte weltweit in eine gegenseitige Bedrohungs- und Aufrüstungsspirale und zur Entstehung eines absolut beängstigenden Atomwaffenarsenals auf beiden Seiten. Die Situation änderte sich in Europa radikal, als die Sowjetunion unter der mutigen Annäherungs- und Entspannungspolitik von Michail Gorbatschow nach dem berühmten Mauerfall im Jahr 1989 geradezu implodierte. Übrig blieb die Russische Föderation als Kerngebiet der ehemaligen Sowjetunion. Kaum ein Mensch machte sich damals zu viele Gedanken darüber, was es für Folgen hat, wenn eine derartige Großmacht einfach verschwindet und ein kleiner Kreis um den Präsidenten herum sich das ganze staatlich-industrielle «Volkseigentum» im Kernland unter die Nägel reißt, Hauptsache der freie Markt funktioniert. Auch die negativen Auswirkungen der Assimilierung und wirtschaftlichen Vereinnahmung des Ostens bei der Wiedervereinigung Deutschlands wurden unterschätzt.

In Russland entstand effektiv eine Oligarchie und die verheerende Wirkung dieses Zusammenbruchs zeigt sich für den «Westen» erst jetzt deutlich genug mit der neuerlichen Entwicklung Russlands zu einer totalitären Diktatur mit mystisch-religiöser Verklärung und größenwahnsinnigem Hegemonialanspruch unter Wladimir Putin. In Umkehrung aller objektivierbaren Logik braucht ein völkerrechtswidriger Überfall auf das unabhängige Nachbarland Ukraine aus heiterem Himmel keine andere Rechtfertigung als die behauptete Aggression des «Westens».

Die Tendenz zur Rückkehr zur strikten Parteidiktatur mit aggressiver Hegemonialpolitik wie zu Zeiten Mao Zedongs zeigt sich leider auch in China unter dem immer mächtiger werdenden Partei- und Staatspräsidenten Xi Jinping.

Fragment der Berliner Mauer, das anlässlich eines Virologie-Kongresses im Jahr 1990 als historisches Erinnerungsstück (ohne Beschriftung) die Kongressmappe der Teilnehmer bereicherte.

Globalisierung

Im Zuge der Globalisierung ab den 1950/60er Jahren, einer mit der fortschreitenden internationalen, wirtschaftlichen Verflechtung verbundenen Verlagerung der Produktion entlang des Preisgefälles der Arbeitskraft (Mehrwert!) kam wohl zurecht auch das Schlagwort Kannibalkapitalismus auf. In den USA wurde durch diesen Mechanismus ein ganzer Gürtel mit Bergbau, Schwerindustrie und Automobilindustrie im Nordosten durch Auslagerung der Produktion in Entwicklungsländer vom «Manufacturing-» zum «Rust-Belt», gefolgt von hoher Arbeitslosigkeit, Abwanderung, Kriminalität und Zerfall von Städten wie Detroit. Diese Entwicklung, die auch Europa betraf, konnte vielerorts durch Verlagerung in den Tertiär-(Dienstleistung-), Technologie-, Hightech-Sektor oder in Computertechnik und Software (Silicon Valley) aufgefangen werden. Das Rennen zwischen Hochpreis- und Billigländern in puncto Arbeitskraft geht allerdings auch hier weiter. Mit der Globalisierung ist eine ungeheuer komplexe, an stetiges Wachstum gebundene Verzahnung der Welt- und Geldwirtschaft entstanden, die heute in einer Welt mit 193 den Vereinten Nationen (UNO) angeschlossenen, wirtschaftlich kreuz und quer vernetzten, unabhängigen Staaten als kaum noch zu bezwingender Koloss erscheint.

Rassismus

Rassismus als Ausgrenzung von Menschen aufgrund äußerlicher Merkmale kann in der Menschheitsgeschichte bis weit ins Altertum zurückverfolgt werden, häufig zur Rechtfertigung oder im Zusammenhang mit Sklaverei. Aus der in Amerika weit verbreiteten Sklavenhaltung von Schwarzafrikanern aus europäischem Sklavenhandel ging in den USA nach dem Verbot im Jahr 1865 die auf «White Supremacy» basierende Rassentrennung hervor, die erst im Jahr 1954 als verfassungswidrig erklärt und am 2. Juli 1964 mit dem Civil Rights Act des demokratischen

Präsidenten Lyndon B. Johnson aufgehoben wurde. Der wichtigste Vertreter im gewaltfreien Kampf des Civil Right Movements gegen die Rassentrennung war Martin Luther King, der 1964 für seine herausragenden Verdienste in diesem Prozess für mehr soziale Gerechtigkeit mit dem Friedensnobelpreis geehrt wurde. Im Jahr 1963 hielt er bei der friedlichen Demonstration «Marsch auf Washington für Arbeit und Freiheit» vor mehr als 250.000 Menschen, darunter auch 60.000 Weiße, seine berühmte, emblematische Rede «I Have a Dream». Er fiel im Jahr 1968 einem Attentat in Memphis zum Opfer.

Baumwollplantage in einem Südstaat um 1850.

Die Armut, die Ungerechtigkeit und die ungewöhnlich harten Arbeitsbedingungen der schwarzen Bevölkerung, die z. B. auf Baumwollplantagen arbeiteten, werden im weltberühmten, autobiographischen Werk «I Know Why the Caged Bird Sings» («Ich weiß, warum der gefangene Vogel singt») von Maya Angelou, das 1969 veröffentlicht wurde, sehr eingängig beschrieben. Die Gleichberechtigung der unterprivilegierten Schwarzen, was direkt auf die Rassentrennung rückführbar ist, bleibt bis heute ein wichtiges Thema in den USA. Es ist ein Kampf, der unter dem Hashtag #BlackLivesMatter in den sozialen Medien und auf der Straße weitergeführt wird.

Das Menschenbild hatte also in der Neuzeit bereits mit der Erklärung der Menschenrechte im Jahr 1789 einen noch nie dagewesenen Höhepunkt erreicht. Im Jahr 1945 wurde die Charta der Vereinten Nationen, die die UNO zur Organisation zur Sicherung des Weltfriedens, zur Überwachung der Einhaltung des Völkerrechts und zur Förderung der Zusammenarbeit machte, in Kraft gesetzt. Sie wurde im Jahr 1948 um die «Allgemeine Erklärung der Menschenrechte», wenn auch ohne bindenden Charakter für Mitgliedsstaaten, erweitert. Damit hatten die Menschenrechte ein Gefäß bekommen, auf das man alle Hoffnung auf globale Durchsetzung und Anerkennung setzen kann, auch in einer Welt mit 193 unabhängigen Staaten.

Ökologie und Klima

Ökologische Bedenken im Zusammenhang mit der Industrialisierung im Hinblick auf globales Bevölkerungswachstum, Hunger, Ausbeutung von Rohstoffen, Umweltverschmutzung und Zerstörung von Lebensraum erlangten mit der Publikation des Berichts «Die Grenzen des Wachstums» im Jahr 1972 durch den 1968 gegründeten «Club of Rome» bereits weltweite Beachtung. Dass der sogenannte Klimawandel mit der Industrialisierung direkt korreliert, also menschengemacht ist, wurde ab 1992 immer klarer. Er ist eine direkte Folge des durch die Verbrennung fossiler Brennstoffe bedingten Ausstoßes von Treibhausgasen, insbesondere von CO_2. Die verheerenden Folgen der Klimaerwärmung für Mensch und Umwelt, wie der Anstieg des Meeresspiegels, Überschwemmungen, Unwetter, Hitze und Dürre zeichnen sich immer heftiger ab. Gemäß einem völkerrechtlichen Vertrag, dem «Übereinkommen von Paris», das 195 Staaten im Jahr 2015 verabschiedet haben, soll die Erderwärmung durch weltweite Klimaschutzmaßnahmen auf deutlich unter 2 °C begrenzt werden.

Der Mensch heute im reichen «Westen»

Wer in einem Land wie der Schweiz im reichen «Westen» geboren und sozialisiert wurde, wird zunächst wohl automatisch davon ausgehen, dass hier alles einfach so ist, wie es sein muss. Vielleicht hört man im Geschichtsunterricht oder in den Nachrichten Dinge, die aufhorchen lassen. Das bleibt aber meistens sowohl zeitlich wie räumlich «weit weg», sodass das Bild einer heilen Welt recht lange intakt bleibt, was sicher auch einer gesunden, jugendlich-ungebrochenen Zuversicht in die Zukunft geschuldet ist. Den Kalten Krieg oder die Klimabedenken kriegt man nur am Rande mit oder hört erst nachträglich davon, der Fall der Mauer und der Zusammenbruch der Sowjetunion geben Anlass zur Euphorie und verstärken den Glauben an den «Fortschritt». Ein weiterer Schritt zur intellektuellen Eingliederung in die herrschende Kultur stellt der Eintritt ins Berufsleben dar. Es ist ein wichtiger, wegweisender Entscheid, für welche Berufslehre oder welches Studium man sich entscheidet, sodass man sich fast in vorauseilender Gehorsamkeit mit dem jeweiligen Berufsbild zu identifizieren beginnt, zumal einiges an Geschick und Intellekt investiert werden müssen, um zu einem krönenden Abschluss mit Aufnahme in die jeweilige Gilde zu kommen. Hat man sich beispielsweise für die Veterinärmedizin entschieden, dann wird man Dinge wie intensive Haltung bei der Fleisch- und Milchproduktion, die Verwendung von Kraftfutter, den Zusatz von Antibiotika in Futtermitteln, die Reproduktions- oder die Schlachthaustechnologie oder die Gentechnik nicht unbedingt in Frage stellen, gehören sie doch zu den Rahmenbedingungen einer erfolgreichen Tätigkeit als Tierarzt oder als Spezialist in einem Teilgebiet. Der oder die Einzelne muss einen Weg finden, sich in einem gegebenen Umfeld nützlich zu machen und dadurch auch Anerkennung zu erhalten. Es folgen private Entwicklungen mit oder ohne große Liebe, feste Bindung und Nachwuchs, die zusammen mit dem Berufsleben ein volles Maß an Energie kosten. Daneben noch die Welt retten, und warum überhaupt? So ist es nicht verwunderlich, dass das seit der Jugend aufgesogene Bild der Welt recht eng und ohne große Risse bleibt. Allerdings laufen in der heutigen Zeit längst die Landesgrenzen überschreitende Entwicklungen ab, die zu denken geben. Die Nachrichtenflut zu Klimawandel, Umweltproblemen, Kriegen und Nord-Süd-Wohlstandsgefälle ist allerdings inzwischen so groß geworden, dass man unter Umständen im großen Lärm die Melodie nicht heraushören kann. Es sind ja letztlich einfache Fragen und Antworten, die das Bild zurechtrücken: Warum ist z. B. der Lebensstandard in der Schweiz immer noch deutlich höher als in den ebenfalls wohlhabenden Nachbarländern? Die einfachste Antwort: «wir Schweizer arbeiten 42 Stunden pro Woche, mehr als alle andern, ausserdem sind wir pflichtbewusst, sorgfältig und zuverlässig», was also ein ziemlich naives und überhebliches Selbstbild wäre. Schaut man etwas genauer, muss man erkennen, dass die Schweiz nach dem 2. Weltkrieg gegenüber allen Nachbarn einen deutlichen Startvorteil hatte. Das Land war unversehrt vom Krieg, was nicht auf die heute mythisch überhöhte Neutralität zurückgeht, sondern unter anderem auf eine «geschickte» Handhabung derselben, indem sie für das Land selbst und für die direkten Nachbarn von Vorteil war. Die Schweiz exportierte Kriegsmaterial, diente als Bank und gewährte Staatskredite an die Achsenmächte (Deutschland und Italien), war also insgesamt alles andere als neutral (Prof. André Holenstein, Interview im «Der Bund» v. 25.02.2022). Die aktuelle, starre Haltung der offiziellen Schweiz zur Neutralität kann gemäß Prof. Sacha Zala geradezu als historischer Unfug, als «Streit über das Geschlecht der Engel» bezeichnet werden (Interview im NZZ Folio Nr. 361, 2023). Im Warschauer Abkommen von 1946 wurde die Schweiz zu einer «Raubgold»-Zahlung von 250 Millionen Franken an die Alliierten verpflichtet (Dodis, Diplomatische Dokumente der Schweiz, Permalink: dodis.ch/W5959). Jedenfalls ging das Land unbeschädigt aus dem 2. Weltkrieg hervor und hatte damals neben dem gut laufenden Banken- und Pharmasektor eine gesunde gewerbliche und industrielle Güterproduktion in den Bereichen Maschinen, Metallverarbeitung, Chemie, Nahrungsmittel, Uhren und Textilien, die anfänglich dank der Exporte in alle Richtungen richtig durchstarten konnte. Die Entwicklung im rohstoffarmen Land ging aber stark in Richtung Tertiärsektor mit Rückgang in der Maschinenindustrie und starker Zunahme in den globalisierten Bereichen Rohstoffhandel (Glencore, Vitol), Nahrungsmittel (Nestlé) oder Chemie/Pharma (Roche und Novartis) und anderen großen Firmen. Ohne Zweifel ist der überdurchschnittliche Wohlstand der Schweiz dieser Entwicklung zuzuschreiben und hat wenig zu tun mit Vorzügen der Schweizer Politik mit ihren 7 Bundesräten und den beiden legislativen Kammern nach amerikanischem Vorbild, der Schweizer Ausprägung einer «direkten» Demokratie oder des Schweizer Volks, kurz dem so verstandenen «Sonderfall Schweiz». Vielmehr kristallisiert sich in unerfreulicher Weise immer mehr heraus, allerdings nicht nur für die Schweiz, dass der Wohlstand des Nordens bis heute ein klassischer Fall von kapitalistischer Ausbeutung mit auf kolonialem Unrecht fußenden Wurzeln ist, der ganze Dreck der industriellen Produktion und Rohstoffförderung in den Entwicklungsländern, der Handelsprofit bei uns. Hohes Wohlstandsniveau, gute Löhne, anständige Pensionen, alles nur aus Raubgeld? Diese drastische (Ein-)Sicht wird weiter getrübt durch die Erkenntnis, dass sowohl in der Geldwirtschaft wie auch im Handel und in der Industrie das Wachstum implizit erforderlich zu sein scheint, wo es doch längst an Grenzen gestoßen ist. Dies wiederum aufgrund der alarmierenden Signale im Zusammenhang mit dem Klimawandel. Insgesamt scheint die Menschheit also auf einen Gordischen Knoten zu stoßen, dessen globale Verflechtung sich fast als unlösbar darstellt. Und was soll man jetzt aus alledem lernen, möchte man sich fragen, außer «it's bigger than us»? Immerhin, ein erster Schritt aus der überhöhten Selbstwahrnehmung.

Weg aus der globalen Ungerechtigkeit und Klimakrise

Kein Mensch hatte die Chance, die ganze Menschheitsgeschichte zu erleben und als Individuum wirklich daraus zu lernen. Und doch sollten wir es tun! Was die Staatsform betrifft, kann es sich wohl nur um die bereits von den Griechen angelegte und in der Neuzeit ausgereifte Demokratie handeln, egal in welcher Form, solange sie nicht zu stark präsidentiell belastet ist. Der Mensch zeigt nämlich in seiner ganzen Geschichte und bis heute eine wahrscheinlich biologisch bedingte Neigung, charismatischen Führungsfiguren mit einer primitiven, rassistischen, ethnischen, religiösen oder nationalistischen Philosophie zu folgen. Wie eingangs erwähnt gehen die größten Völkermorde und unzählige Verbrechen gegen die Menschlichkeit auf dieses Muster zurück, angesichts derer die guten, weitgehend gewaltfreien Beispiele wie Mahatma Gandhi in Indien, Martin Luther King in den USA oder Nelson Mandela in Südafrika als Ausnahme erscheinen. Nur in der Staatsform der Demokratie kann eine gute Kontrolle von «unten» gesichert und durchgesetzt werden, dass die Würde eines jeden Menschen und das vorbehaltlose Recht auf Mitbestimmung jederzeit voll zu respektieren sind. In Form der UNO wurde außerdem als einzigartige historische Errungenschaft eine von 193 Staaten anerkannte Instanz geschaffen, deren von allen Mitgliedstaaten geteilte Aufgabe es ist, den Weltfrieden zu sichern, die Zusammenarbeit unter den Mitgliedern zu fördern und die Einhaltung des Völkerrechts und der Menschenrechte zu überwachen.

Schiffswracks am Hafen der griechischen Stadt Elefsina,
Europäische Kulturhauptstadt 2023.

Menschenrechte

Der Beitritt zur verpflichtenden Europäischen Menschenrechtskonvention wurde z. B. der Schweiz im Jahr 1969 wegen Zwangsarbeit von vormundschaftlich versorgten Jugendlichen verwehrt, was zu dessen Abschaffung führte («Am 14. April 1961 kam ich frei», Das Magazin Nr. 15, 2023). Auch wenn es als Herkulesaufgabe erscheint, sollte es möglich sein, die Menschen in den 193 wirtschaftlich kreuz und quer vernetzten, unabhängigen Mitgliedsstaaten der UNO von einem Konsens von «unten» mit Druck nach «oben» zu überzeugen, dass die Menschenrechte auch in der UNO eine über den Empfehlungscharakter hinausgehende Verbindlichkeit erlangen und durchgesetzt werden müssen. Auf diesem Konsens basierende, übergeordnete Regeln werden zur Abschaffung menschenunwürdiger Arbeitsbedingungen mit ausbeuterischer Entlohnung führen, ohne die Regeln des freien Marktes außer Kraft zu setzen. Mit dem Verschwinden der durch dieses Unrecht ermöglichten Billigprodukte vom Markt würde auch die gegenseitige Schuldzuweisung zwischen privaten Firmen und Konsument*innen entfallen.

Völkerrecht

Auf dieser Welt herrschen so viele verheerende Kriege und es scheint trotz UNO kaum möglich, dies zu unterbinden. Ein Land wie Russland kann in krasser Verletzung des Völkerrechts ein weltweit anerkanntes, unabhängiges Land wie die Ukraine überfallen, ohne dass vom Sicherheitsrat, dem mächtigsten Gremium der UNO, eine verbindliche Resolution erlassen wird. Auch der Irakkrieg im Jahr 2003 wurde von den USA und Großbritannien, trotz vorgängiger Verurteilung Saddam Husseins wegen Lagerung von Massenvernichtungswaffen, Unterstützung terroristischer Gruppierungen und Unterdrückung der Bürger durch den UNO-Sicherheitsrat, ohne UNO-Mandat geführt. Fünf Mitglieder des Sicherheitsrates (USA, China, Russische Föderation, Frankreich, Vereinigtes Königreich Großbritannien und Nordirland) haben ein Vetorecht, das mit einer gewissen Regelmäßigkeit wahrgenommen wird (Beispiele aus der Vergangenheit: Vereinigtes Königreich, 1947 [Korfu-Kanal-Zwischenfall], UdSSR, 1968 [Invasion in der Tschechoslowakei], Frankreich, 1976 [Annexion von Mayotte], USA, 1986 [Bombardierung Libyens], Russland, 2022 [Überfall auf die Ukraine]). In gutschweizerischem Politjargon möchte man dazu sagen, es kann nicht sein, dass ein solches Vetorecht die Funktionsfähigkeit eines derart wichtigen, internationalen Organs bei der Friedensförderung in solchem Maße behindert. Auch hier hilft wohl nur kräftiger Druck von «unten», ein weit verbreiteter Konsens unter den Menschen auf diesem Planeten.

Klimawandel und Ökologie

Das «Übereinkommen von Paris», das 195 Staaten im Jahr 2015 verabschiedet haben, ist zwar verbindlich, jeder Staat entscheidet aber selbst darüber, mit welchen Maßnahmen das Ziel erreicht werden soll. Auch die UNO nimmt wichtige Funktionen zur Unterstützung der ökologischen Nachhaltigkeit (Rohstoff-vorräte, Biodiversität und Artensterben zu Land und Wasser, Überdüngung durch intensive Landwirtschaft, Abholzung des Regenwaldes, Zerstörung von Kulturraum und mehr) wahr und fördert Regulierungen zur Haftung und Kompensationspflicht sowohl bei staatlich wie auch privat verursachten Umweltschä-den. Obwohl die Bedeutung der Herausforderung also insgesamt anerkannt wird, wurde es bisher versäumt, wirksame Maßnah-men zu definieren, die für jedes Mitglied des Übereinkommens verpflichtend sind. So wird z. B. der CO_2-Ausstoß als einer der wichtigsten Treiber der Klimaerwärmung nicht mit einer zwin-genden Strafsteuer direkt belastet, was alle möglichen Umge-hungsmaßnahmen inklusive «Kompensation» befeuert, sodass der Ausstoß zuletzt insgesamt kaum zurückgeht. Auch hier wer-den Schuld und Handlungsbedarf zwischen Behörden, Firmen und Konsument*innen hin- und hergeschoben, bis es zu spät ist. Obwohl es sich um übergeordnete Regelungen handelt, die dem Wohlergehen oder Weiterbestehen der ganzen Menschheit dienen, können außerdem zielführende Maßnahmen in demo-kratischen Staaten einfach mit einer Mehrheit der Bevölkerung ausgehebelt werden. Dies gilt genauso für die Menschenrechte und das Völkerrecht.

Schlussfolgerung

Es gilt also, in all diesen Bereichen Lücken zu schließen und übergeordnete Regeln zu schaffen, die wie die bereits vorhandenen verbindlich und außer auf völkerrechtlicher Ebene unumstößlich sind und somit auch im Rahmen der Demokratie, des Eigentumsrechts und des freien Marktes unverhandelbare Gültigkeit haben. Auch wenn uns dies heute utopisch erscheint, sollten wir es, angesichts der Dimension der Probleme, die auf die Menschheit zurasen, wagen, darauf zu hoffen, daran zu glauben – und daran zu arbeiten. Der wichtigste Ansatz dazu ist der einzelne Mensch, der in der Lage ist, über diese Dinge selbst nachzudenken, statt einer Führerfigur zu folgen und über sich selbst hinauszuwachsen. Die daraus gezogenen Schlüsse könnten dazu führen, dass der Druck «von unten» groß genug wird, um den nötigen Regelwerken zur Garantie der Menschenrechte, zur strikten Umsetzung des Umweltschutzes und zur beherzten Bekämpfung der Klimakrise zum Durchbruch zu verhelfen, auch wenn dies mit einem gewissen Verzicht auf Wohlstand und Bequemlichkeit verbunden ist. Denk mal, Mensch!

Quellen: Die historischen und aktuellen Informationen in diesem Text basieren, soweit nicht spezifisch referenziert, auf Allgemeinwissen, insbesondere repräsentiert durch Wikipedia, und auf Tagesaktualität aus dem freien Qualitätsjournalismus auf Papier oder online.

Dank zu Denkmal Mensch

Dank gebührt meiner Frau Manuela und den 3 Kindern Corinna, Seraina und Jann für die Geduld und Nachsicht mit meinem ständigen Kreisen um dieses Thema in alltäglichen Gesprächen, meiner Frau Manuela für die sorgfältige Lektüre des Manuskripts und Fehlersuche im Text, den Zoologen Alexander Wandeler und Urs Breitenmoser für interessante Denkanstöße in der frühen Entstehungsgeschichte des Themas, meinem Bruder Ivo für zahlreiche Gespräche und inhaltliche Anregungen und meinen Geschwistern Ursula und Edgar für die Ermutigung zur Veröffentlichung.

Der Autor

Reto Giacomo Zanoni, Jahrgang 1957, ist ein
Schweizer Bürger aus Brusio GR. Er ist in einer
wohlbehüteten Familie mit 5 Kindern in Samedan
im Engadin aufgewachsen, wo er bis zur Matura
des Typs B im Jahr 1977 das Lyceum Alpinum Zuoz
besuchte. Anschließend studierte er in Zürich Ve-
terinärmedizin und promovierte selbst im Bereich
Veterinärvirologie. Ab 1984 war er Assistent, dann
Dozent und schließlich assoziierter Professor in der
Veterinärvirologie in Bern, wo er von 1989 bis zur
Pensionierung im Jahr 2022 die Schweizerische
Tollwutzentrale leitete.

Nebst der Virologie interessiert sich Reto Zanoni
stets sehr für das Geschehen auf dieser Welt, das
er auch rege in Leserbriefen, Newsforen und auf
Twitter kommentiert, und für zeitgenössische
Musik. Er ist Vater von drei erwachsenen Kindern
und lebt in Bern.

Der Verlag

*Wer aufhört
besser zu werden,
hat aufgehört
gut zu sein!*

Basierend auf diesem Motto ist es dem novum Verlag
ein Anliegen, neue Manuskripte aufzuspüren, zu ver-
öffentlichen und deren Autoren langfristig zu fördern.
Mittlerweile gilt der 1997 gegründete und mehrfach
prämierte Verlag als Spezialist für Neuautoren in
Deutschland, Österreich und der Schweiz.

**Für jedes neue Manuskript wird innerhalb we-
niger Wochen eine kostenfreie, unverbindliche
Lektorats-Prüfung erstellt.**

Weitere Informationen zum Verlag und
seinen Büchern finden Sie im Internet unter:

w w w . n o v u m v e r l a g . c o m